Made in the USA
Monee, IL
26 January 2021

58740110R00069